DE LA RESPONSABILITÉ

DES MINISTRES.

Par M. R. D., ancien magistrat.

A PARIS,

DE L'IMPRIMERIE D'ANTH^e. BOUCHER,

SUCCESSEUR DE L.-G. MICHAUD,

RUE DES BONS-ENFANTS, N°. 34.

M. DCCC. XIX.

DE LA RESPONSABILITÉ

DES MINISTRES.

La responsabilité ministérielle occupe en ce moment l'attention générale. On dirait que les destinées de la France sont attachées à une bonne loi sur cette garantie de la Charte. Le projet présenté est-il digne de son objet? Plusieurs publicistes ont tourné la question plutôt qu'ils ne l'ont résolue; pour moi, je l'aborderai franchement, et je l'envisagerai sous toutes ses faces. L'importance du sujet ne comporte pas de timides ménagements.

On attendait les opérations des nouveaux ministres pour juger de leurs intentions et de notre avenir : l'un des premiers actes qu'ils ont proposé, est un projet de loi sur leur responsabilité. Il serait injuste de méconnaître tout le mérite de cette initiative; ils auraient pu l'éluder, comme l'ont fait pendant si long-temps leurs prédécesseurs. « La responsabilité des ministres, a dit l'un d'eux, parlant au nom de tous, n'est autre chose que l'inviolabilité royale. » Le langage qui suit est digne de cet aveu, et lorsqu'on s'exprime ainsi, on a le courage et les moyens de faire le bien. Mais le bien qu'il est si satisfaisant de créer, lorsqu'il s'applique à tout un peuple, et qu'il doit germer pour les générations futures, il faut le préparer avec calme, afin qu'il acquière de la stabilité : la loi qui stipule pour l'avenir, ne s'arrête point au présent, et ne tient nul compte des circonstances. Quelle que soit la couleur qu'on donnera à mon opinion, je la dirai : jusqu'à présent, j'ai écrit contre cette tendance des ministres à grossir leur pouvoir au détriment du trône et des libertés publiques ; le projet de loi m'a paru incomplet, insuffisant, et peut-être trop avantureux pour ceux qui doivent en éprouver les effets ; ou si, comme on les en accuse, ils ont voulu se ménager un système d'impunité, il faudrait convenir qu'ils ont faiblement conçu leur projet, puisqu'ils se livrent au lieu de se défendre lorsqu'ils sont attaqués.

D'abord, le projet de loi donne des délits à punir et ne les définit pas ; cette première pensée d'un Code pénal est complétement omise. Cependant des délits peuvent être plus ou moins graves : il est nécessaire de les graduer pour discerner la peine, et pour en faire une juste application ; et ce soin de définir et de classer les faits, le projet le laisse à l'entière volonté de l'assemblée ! C'est-à-dire, qu'il place le plus terrible arbitraire au centre de toutes les passions ; car une assemblée délibérante, et sans passion, ne se conçoit pas plus qu'un système d'ordre et de vie sans mouvement. Et quel sujet d'accusation est plus propre à exciter ces passions, que celle portée contre les agents d'un immense pouvoir, qui s'est mu, peut-être, en sens opposé de ses juges. C'est à ces hommes, naguère objets d'envie, et maintenant descendus à la triste condition des accusés, qu'il convient de donner une garantie puissante. Ils peuvent ne pas avoir rempli l'attente générale, ni satisfait toutes les exigences particulières, et ceux même qu'ils ont obligés ne seraient peut-être pas toujours disposés à le reconnaître lors d'une accusation capitale. On renie volontiers en public le joug de la servilité pour montrer qu'on ne l'a jamais porté. Il est d'ailleurs si beau de sacrifier ses affections personnelles à la chose publique! Enfin on connaît le danger des assemblées qui delibèrent; c'est bien pis lorsqu'elles jugent. Quel Roi ou quel sujet traduit à la barre d'une assemblée, et marqué d'avance comme une victime, a pu échapper à sa destinée? Ne laissons rien à l'arbitraire. Il importe surtout de le bannir du sanctuaire même des lois, parce que c'est du lieu où on les prépare que doit partir l'exemple de leur stricte observation.

Il s'agissait de définir ce qu'on entend par *trahison* et *concussion*; les autres délits dont les hommes en place peuvent se rendre coupables sont spécifiés dans le Code pénal, et portent avec eux la quotité de peine dont ils sont susceptibles. Le mode de procéder y est clairement indiqué; ainsi les ministres iront pardevant la cour d'assises, et seront cités en police correctionnelle, selon les méfaits qui motiveront la compétence de ces tribunaux. Toutes les infractions ne sont pas comprises dans les actes de trahison et de concussion. Les ministres ne seraient pas inviolables si, par exemple, ils devenaient coupables de meurtre, d'attentats à la liberté individuelle, ou de tel autre excès. Tout est réglé pour ce genre de délit; il n'y aurait rien à faire, si ce n'est peut-être d'augmenter les degrés de peine, parce que des agents supérieurs seraient d'autant plus coupables qu'ils seraient descendus à une criminalité plus vulgaire. Sans doute il vaudrait mieux spécifier tous les cas, et faire le *Code pénal des Ministres*. Rien ne décorerait cette charte qui doit être l'objet de notre culte comme un pareil frontispice; mais cette charte qui doit rester imposante et simple comme ces monuments antiques qui, destinés à braver le temps, subsistent encore par leur masse, ne comporterait pas ce luxe d'architecture. Elle ne veut emprunter la forme solennelle de l'accusation et du jugement par les chambres, que pour les faits de trahison et de concussion. Bornons-nous à ce texte, et il est encor assez étendu.

I...

La concussion ordinaire est un méfait si bas, si vil et si commun, qu'il est superflu de le définir et d'entrer dans les diverses sinuosités où l'on peut la rencontrer. Tout ce qu'on peut en dire, c'est que la concussion doit être sévèrement punie; elle se compose du sang des peuples, et l'échelle de culpabilité s'étend depuis un écu jusqu'à des millions. On peut ajouter que tel est le mépris inspiré par cette turpitude, que si l'on pouvait l'imputer à des ministres, il faudrait leur appliquer la peine en raison inverse de la gravité du délit, c'est-à-dire, qu'il faudrait l'augmenter en proportion de la minimité de l'objet extorqué; mais comme les préposés d'un ministre peuvent éprouver une cupidité plus ordinaire, il convient de les réprimer. Tout délit de ce genre, appuyé de preuves, devrait emporter de droit, et par le fait, l'élimination du coupable, sauf à la partie plaignante de le citer devant les tribunaux, et d'y appeler le ministre en garantie des effets civils.

On ne parle pas ici de ces manœuvres savantes, de ces combinaisons imaginées pour affamer toute une province, ou dépeupler un empire; nous ne sommes point encore parvenus à ce haut degré de spéculation mercantile. Il faut être d'un autre monde pour la souffrir, ou tenir à la première des nations commerçantes pour la tenter. Nos griefs sur ce point se bornent à quelques gaspillages envers des particuliers. On peut s'en rapporter à eux pour la plainte; la situation des contribuables et des hommes industrieux est tellement restreinte, qu'ils doivent sentir jusqu'au vif les moindres atteintes qu'on peut leur porter.

La *trahison* est un acte sciemment dirigé contre l'état dans l'intention de le troubler ou de le renverser. Il y a deux espèces de trahison, celle à découvert, et celle qu'on commet en secret, par soi-même ou par ses agents; celle-ci est plus répréhensible, parce qu'elle marche dans l'ombre, et que ses effets, tout aussi funestes, sont moins prévus. Celle à découvert, n'est qu'une révolte à armes, que l'on combat et que l'on vainc si on le peut.

Au premier rang des griefs de perfidie, il faut placer les atteintes dirigées contre la Charte : outre qu'ils ont à répondre des leurs, les ministres doivent repousser celles qui lui seraient portées par des imprudents. Les desseins ne sont plus cachés, l'attaque qui se faisait à la sape, et sous couleur équivoque, s'exécute à front découvert et à bannière déployée; mais tout cela est en paroles, il n'y a rien d'alarmant. Heureux au contraire sont les états où règne la liberté de la presse. A l'aide de ce cautère moral, il y a toujours une issue ouverte aux humeurs pernicieuses. Le corps politique en est parfois agité, mais il en acquiert plus de vigueur et de santé.

Les ministres sont aussi les gardiens de l'honneur français et de l'industrie nationale. Tout ce qui blesse ces deux grands intérêts doit être classé parmi les trahisons. Dans ce rang, il faudrait placer encore l'impéritie des ministres, puisqu'elle peut avoir de si funestes conséquences. Il n'y a rien d'exagéré dans cette prévoyance; on refuse ou l'on accepte un engagement dont les conditions sont connues, et il n'y a point de rigueur à mesurer la peine sur des cas prévus. Cette impéritie serait ou volontaire, ou naturelle; tel pourrait être, pour les deux hypothèses, un traité de commerce désavantageux, et qui, nous mettant à la discrétion d'un peuple étranger, nous avilirait et nous appauvrirait tout ensemble. Dans le premier cas, elle équivaudrait à la trahison, puisqu'elle en aurait les moyens et toutes les conséquences; dans le second cas, il faudrait diminuer la peine d'un degré, mais l'impéritie ne mériterait pas moins d'être réprimée, pour apprendre aux ambitieux à consulter leurs forces avant de se charger d'un engagement qu'ils ne peuvent tenir. Qui peut, à présent, ne pas aspirer à devenir ministre? Les faveurs et les grâces accompagnent presque toujours la peine d'un renvoi. Que s'il se rencontrait un ministre qui, au lieu de rendre ses comptes, aurait donné sa démission, et qui se prévalût de la munificence royale comme d'un bouclier tutélaire, on lui dirait qu'une pension, à quelque titre qu'elle soit accordée, n'est qu'un suffrage illustre, et qu'elle n'est point une dispense d'accusation ; mais ce ministre que je suis loin d'inculper, et dont je ne cite la position que pour appuyer des principes politiques, pourrait répondre : « Quelle est la loi en vertu de laquelle vous voulez me juger ? Si elle n'était point faite à l'époque de ma gestion, elle ne peut m'être appliquée. La loi dispose pour l'avenir, et non pour le passé. Si je me suis égaré dans ma route, ce que je ne crois pas, ce serait votre faute : vous avez négligé de placer les jalons qui devaient me guider, et le but que je devais atteindre. » Cette réponse, qui serait sans réplique, démontrerait au besoin la nécessité de faire la loi sur la responsabilité des ministres.

Il faut donc faire cette loi. Le projet qu'on en a présenté peut-il atteindre ce but si desiré ? Je ne le pense pas ; j'ai remarqué des inconvénients, j'oserai proposer des correctifs. Que l'on ne prenne cette tentative en mauvaise part ! Vivant dans le repos, après un assez long service, il n'y a rien d'étonnant à ce qu'un vieux soldat trace quelques points de tactique, non pour la parade, ni pour une revue, mais pour un jour d'action.

Le projet ne définit pas le délit qu'il faut punir.

Il laisse ce soin aux juges, et place ainsi l'arbitraire au sein de la justice.

Le projet veut que la loi se fasse, et que le tarif s'applique au cas qui viendrait d'arriver ; ce qui serait donner à la loi un effet rétroactif.

Il admet un droit de récusation insuffisant, celui des cas prévus par l'ordonnance, lorsqu'il faut prévoir celui des passions.

Le projet réserve le droit de retirer l'accusation une fois portée, ce qui doit en prodiguer l'usage et en déconsidérer l'emploi.

Il ne dit rien de la garantie qu'on doit trouver auprès des ministres pour la faute de leurs agents.

Il ne parle pas de cette clause absurde et toute *impériale*, qui exigeait le consentement de l'autorité, pour poursuivre les agents de l'autorité.

. Il n'admet la dispense de cette garantie que lorsque les torts politiques des ministres et de leurs agents sont connexes et partagés; il ne soulève pas l'obstacle, lorsque l'agent isolé aura démesurément abusé du pouvoir qu'il exerce sous l'égide ministérielle.

. Le projet laisse toute la chambre des Pairs formée en conseil de jury, et en cour de jugement tout ensemble; ce qui est contraire à sa dignité, à la sûreté particulière des ministres accusés, et à la constitution du jury.

Le projet ne dit rien enfin du ministère public, qui est l'ame de cette procédure, il le suppose établi lorsqu'il n'existe pas.

Nous allons examiner successivement et très succinctement ces divers griefs.

1°. Le projet ne définit pas le délit qu'il faut punir.—Est-ce une omission de la part des ministres, ou générosité de leur part de s'en rapporter à la discrétion de leurs juges? Cet arbitraire, qui ferait honneur à leur loyauté, mais qui pourrait tromper leur confiance, n'est régulièrement admissible que pour la censure des mœurs. Les censeurs romains, dans les beaux temps de la république, n'avaient d'autre code que celui de leur conscience. Leurs décisions ne passaient pas les bornes de l'exhortation, et leurs corrections étaient celles des pères jugeant en famille; mais la mort , mais la déportation, mais la dégradation civique, que les ministres peuvent encourir à raison de leur condamnation, ne doivent pas être indifféremment confiées à ceux qui les accusent, et avec lesquels ils ont pu se trouver dans un état si fréquent d'opinion ou d'intérêts opposés. Premiers moteurs d'un gouvernement affaibli, les ministres ont tant de plaies à sonder, si fort à trancher dans le vif, qu'ils doivent exciter plus de ressentiment que de reconnaissance. Et de quoi n'est pas capable la jalousie produite par la concurrence de grands talents et la perspective de hautes places? Il faut caractériser le crime pour avoir le droit de le punir. On empêche alors que le coupable ne dise : Si j'avais connu la peine, je ne serais pas devenu criminel.

2°. « Les juges créeront la peine, et l'appliqueront selon les circonstances; » c'est-à-dire, que les juges feront la loi et l'appliqueront après le délit, ce qui comporte les deux plus grands excès de pouvoir judiciaire qu'il soit possible de commettre. Les juges ne font point la loi, ils l'exécutent, et ils n'appliquent que celle qui est antérieure au délit. La loi n'a point d'effet rétroactif; lui imposer une marche rétrograde, c'est priver de son secours celui qui voulait se conduire à la lueur de son flambeau; c'est lui assigner à elle-même une allure contrainte, qui lui ôterait sa force, et l'exposerait au mépris.

3°. Le droit de récusation que le projet promet aux ministres accusés, est le même que celui réservé aux parties civiles dans les cas ordinaires; c'est-à-dire que, si l'on est parent ou allié à certain degré, si l'on a été en procès, si l'on a mangé ou bu chez la partie, etc., on ne peut rester juge; mais les juges dont il s'agit ici, qui auront pu se soustraire à des moyens d'une récusation banale, seront-ils toujours affranchis de ces hautes passions qu'allume l'ambition. Les ministres doivent avoir un droit de récusation libre et sans expression de motif. Nous indiquerons ci-près les raisons et le mode de cette mesure.

4°. Le projet de loi réserve le droit de retirer l'accusation de la part de ceux qui l'ont portée. Mais ne craint-on pas que cette faculté ne fasse abuser du droit de se plaindre, et que la versatilité d'opinion qui peut en résulter ne déconsidère les décrets de l'assemblée? Sous un gouvernement représentatif, les accusations publiques doivent être écoutées comme un éveil donné à ceux qui sont préposés à la garde des lois; mais il n'est pas nécessaire que ces plaintes soient nombreuses, ni qu'on prodigue les cris d'alarmes : trop répétés, ils finiraient par étourdir les gouvernants et les gouvernés. D'ailleurs il est un sentiment de convenance qui ne permet pas, et moins en France qu'ailleurs, de traiter trop légèrement les hommes en place. Que ferait-on en France d'un ministre tombé dans le mépris? Telle serait sa position, si l'on pouvait lui prodiguer le ridicule ou l'injure. Nous sommes Français, et par conséquent possesseurs, depuis long-temps, de cette fleur d'urbanité si chère à l'Europe. La rudesse insulaire ne nous irait pas à nous qui mettons de la poésie dans la polémique, et de la grâce jusque dans nos duels (1).

5°. Le projet ne dit rien de la garantie qu'on doit trouver auprès des ministres, pour la faute de leurs agents. — Cette lacune est facile à remplir. Les ministres répondent de leurs employés puisqu'ils les choisissent. Ils doivent recevoir l'application de la peine du *quasi-délit*, c'est-à-dire, qu'ils sont garants des effets civils, sauf d'être directement accusés eux - mêmes, et de porter toute la peine d'une prévarication commandée ou tolérée.

---

(1) A côté de l'annonce du bœuf-gras, j'ai vu hier, dans un journal accrédité, celle de la mort du jeune Saint - Aulaire, tué par le glaive, dans un duel. Ainsi la mort d'un brave guerrier, l'orgueil de sa famille, et peut-être l'espoir de sa patrie, est sur la même ligne qu'une scène de carnaval, ou plutôt de boucherie, car la marche triomphale du bœuf expiateur finira aussi par le couteau. Dans un écrit récent sur *les Hommes de lettres et les Hommes d'épée jugés par leurs pairs*, je me suis élevé contre l'exécrable manie des duels; j'y reviendrai dans un autre lieu.

6°. Le projet ne révoque pas cette clause violente, imaginée par celui qui, essayant d'un pouvoir contesté, avait intérêt de le concentrer dans les mains de ceux auxquels il le confiait ; mais il ne peut en être ainsi sous un gouvernement régulier. Au temps où les rois de France gouvernaient sous *leur bon plaisir*, ils ne pouvaient avoir la pensée d'abuser de leur pouvoir, parce qu'ils gouvernaient dans l'intérêt de ce qu'ils croyaient être leur propriété ; mais dans un gouvernement constitutionnel où des droits réciproques sont perpétuellement en opposition lorsqu'ils ne sont pas en litige, s'il fallait demander la permission d'obtenir justice contre les agents de l'autorité, on le tenterait vainement. Le pouvoir royal augmenterait ses droits de tous les empiétements qu'il ferait, et ce pouvoir jamais disputé et toujours accru, pourrait grossir à tel point qu'il embarrasserait ses possesseurs. Ils se verraient peut-être forcés de le démembrer ou de le renier, pour reprendre le cours d'une administration généreuse et plus profitable. Le remède à cette obstruction politique serait dans l'excès du mal ; mais en attendant les jours de rédemption, il faudrait supporter tous les caprices d'un gouvernement ambitieux, ainsi que les iniquités de ses divers agents.

7°. Le projet déclare qu'il n'est pas besoin d'un permis pour avoir le droit de se plaindre, lorsque les torts des ministres sont partagés par leurs agents ; mais le projet n'avait rien à concéder sur ce point, puisqu'il est de règle, lors de l'exécution d'un délit commun, que les uns sont punis comme coupables et les autres comme complices.

Le projet laisse toute la chambre des pairs confusément formée en assemblée de jurés et en cour de jugement ; ce qui serait contraire à la dignité de la chambre, et à la sûreté des accusés, et ce qui blesserait encore la constitution du jury, dont on doit trouver le type et le modèle dans la chambre des pairs, lors de cette solennelle occasion.

Dans un ouvrage antérieur à celui-ci , j'avais trouvé pour la chambre des pairs une organisation telle, que, sans se priver d'aucun de ses membres, elle pouvait être divisée en cour judiciaire, et en jury de jugement. J'ai dit les motifs de cette disposition ; elle donnerait à la chambre un aspect plus imposant et des fonctions plus régulières, elle serait d'ailleurs plus favorable aux accusés.

Je n'imaginais pour eux ni exemption ni prérogative, je proposais de leur ménager le même appui, les mêmes moyens de défense que la loi assure au moindre des sujets français lorsqu'il est accusé, c'est-à-dire, un jury récusable et discuté, et un tribunal borné à l'impassible fonction d'appliquer la loi. Je disais que ces deux fonctions, pour être bien exercées, devaient l'être séparément; que réunies elles devaient s'influencer l'une et l'autre au détriment des accusés. Quant à la formation de mon jury, elle était simple et de facile exécution. Sur une liste de soixante membres tirés au sort ou présentés par le président de la chambre, le ministre inculpé en récusait quarante sans expression de motifs; les vingt autres qui restaient étaient ses juges, et ne pouvaient jamais être ses ennemis. Ces jurés auraient vérifié les faits, et prononcé sur la culpabilité. Cette fonction si délicate, confiée à un petit nombre de membres isolés, serait sans doute plus scrupuleusement exercée, que si la responsabilité qui en provient reposait dans le vague d'une grande assemblée. Ainsi divisée mais non disjointe, l'assemblée suivrait toute la procédure ; chacun des pairs présents dès le commencement des débats, y compris même ceux qui auraient été récusés lors de la formation du jury, composeraient la cour du jugement, pour l'opération presque mécanique de l'application de la peine. Il serait pourtant libre à ces pairs récusés comme jurés, de s'abstenir de la qualité de juges; mais il ne serait pas libre aux accusés de renoncer à leur droit de récusation. Il faudrait en faire un devoir et coter un moyen de nullité de son omission. Un ministre pair français dédaignerait peut - être tout moyen tendant à faire suspecter son courage et sa loyauté. En lui donnant un garant contre les passions des autres, il ne faut pas le dispenser de se prémunir lui-même contre de trop généreux élans produits par le sentiment de son innocence , ou la hauteur de son caractère. Nous renvoyons à la page 57 de l'écrit sur la presse, et le Jury selon la Charte, pour les plus grands développements de ce mode de procéder. Combien ce mode serait nécessaire si la Chambre avait à juger quelqu'un de ses membres. Dans la forme usitée, l'accusation et le jugement naissent ensemble dans le sein de la chambre ; les accusateurs restent juges, et l'on agite l'accusation là où la prééminence des talents, et la différence des opinions, peuvent exciter tant de rivalités.

Qu'un homme transcendant aspire à dominer ses égaux , si on ne pouvait l'exclure, il serait mis en jugement. Quel serait la garantie de cet homme dont le sort aurait été résolu ? Cet expédient, de quelque manière qu'il pût s'accomplir, serait utile à la chambre, mais les vingt millions de Français qui écoutent aux portes lorsqu'on discute leurs plus précieux intérêts , ont celui peut-être qu'il y ait toujours dans les assemblées délibérantes , un point d'opposition pour tenir les esprits en éveil, et cette opposition s'élevât-elle quelquefois contre les principes et la vérité , parce que ces deux sauve-gardes de leurs droits sortent plus radieuses et mieux affermies de la lutte qu'on leur a fait subir, où pourrait-on enfin placer plus heureusement le noble jugement des pairs que dans la haute-chambre qui les rassemble ? Il serait bien extraordinaire que cette prérogative assurée aux moindres citoyens pour le maintien de leur dignité d'homme, fût retirée aux grands de l'état lorsqu'il s'agit de leur sûreté.

Enfin voici mon dernier argument. Il m'est arraché par la force de la vérité. Je l'exprimerai à tout risque. Il y va de l'institution qui doit placer la nation française au premier rang des peuples civilisés, et qui est la plus forte digue qu'on puisse opposer aux passions dans les moments d'orage. — Si le jury, cette providence des accusés, avait existé dans la Convention, lorsqu'elle rendit son effroyable jugement, l'auguste victime eût-elle succombé? Il est impossible de le croire : la dignité d'un malheur sans exemple aurait frappé au cœur chacun des jurés. L'horrible sacrifice ne se serait pas accompli. Dans le juste désespoir causé par cet événement, on accuse, on déteste les juges de Louis XVI ; cependant, ce n'est pas à raison de leur jugement que ces hommes sont vraiment et régulièrement coupables. Ce jugement fut inique, mais il n'est qu'une erreur, une épouvantable erreur ! Si les juges avaient à répondre de leur opinion, il faudrait les assimiler à Dieu lui-même, qui, seul infaillible, ne peut jamais se tromper. La Convention n'était qu'une assemblée délibérante : elle osa se transformer en tribunal. Dans le délire qui l'obsédait, elle usurpa le pouvoir judiciaire ; voilà ce qui l'accuse et ce qui la condamne. Etablissons le jury sur cette base mémorable, votons une égide pour l'innocence, donnons ce bouclier tutélaire au malheur ; car qui peut n'être jamais accusé ? En un mot, fondons le jury, ne fut-ce qu'en expiation du forfait inouï que son absence a fait commettre. Que seraient les calamités publiques si l'on n'y trouvait des leçons pour l'avenir.

Je reprends mon sujet, je n'ai rien à dire sur le mode d'accusation présenté par le projet ; il est tel qu'il doit être, c'est-à-dire, d'un facile accès et d'une difficile exécution. Les délais et les épreuves auxquelles l'accusation est soumise sont fort bien entendus ; ils devraient seulement être réglés de manière à ce qu'ils n'excédassent pas le terme d'une session, et qu'on ne pût transmettre à une autre la suite d'une discussion à laquelle elle n'aurait pas concouru. Il devrait en être de même si la chambre venait à être dissoute ; il faudrait que l'accusation portée par elle fût conservée, parce que, renouvelée, elle ne pourrait plus user de son droit de la révoquer : ce droit ne pourrait être exercé que par une autorité supérieure, et non par des pairs et des égaux. Et d'ailleurs, pour prononcer cette décision, elle manquerait d'éléments nécessaires pour l'appuyer, c'est-à-dire, des circonstances et des documents qui auraient motivé l'accusation.

On a dit que l'assemblée des députés était, constitutionnellement, une personne délibérante, dont les députés qui la composent sont en quelque sorte les pensées et les opinions. Cette pensée a plus d'éclat que de justesse : une personne seule ne délibère pas, elle réfléchit et se décide. Si elle a pris une résolution avec l'assistance d'autrui, elle ne peut s'affranchir des clauses d'une obligation commune et qui a été stipulée par plusieurs.

Le projet présente encor une immense lacune, c'est celle du ministère public, qui est l'ame de ce genre de procédure, et cependant il n'est ni constitué ni prévu ; on le suppose existant lorsqu'il n'est pas créé.

Il manque encore, disais-je dans un autre écrit, en parlant de l'organisation de la chambre, celle du ministère public qui doit ouvrir sa marche et la guider. Sans ce moteur actif et surveillant, il ne saurait y avoir ni jugement ni poursuite. Le modèle de cette organisation est dans notre code ordinaire : mais l'office du procureur-général est trop grand pour être *emprunté* ; il ne serait alors qu'un *commissaire*, et la haute fonction qu'il aurait à remplir, pourrait être affaiblie par cette qualité. Il n'y a qu'un pair qui puisse siéger dans la chambre des pairs. Celui qui accuse, demande compte, requiert la peine et la fait exécuter, est nécessairement au-dessus de celui qui la conteste ou qui doit la subir. Et pour rappeler à leur devoir ceux qui jugent et les guider au flambeau des lois, il faut inspirer plus que de la confiance, il faut pouvoir au besoin recourir à la supériorité de son rang. Le procureur-général près la cour des pairs est le premier des magistrats investigateurs. Dans les fortes crises d'état, il est toute la royauté mise en action.

On trouverait dans *l'Atorney* général de la couronne en Angleterre, le modèle des attributions qu'on pourrait donner au procureur-général de la cour des pairs en France. Il ne manquerait rien à ce haut fonctionnaire pour remplir son devoir avec indépendance, si, présenté par le Roi, il était agréé par la Chambre, et déclaré inamovible.

Telle est mon humble opinion sur la manière de constituer, discuter et juger la responsabilité des ministres. Il ne saurait y avoir pour le moment un plus important sujet de discussion. Copropriétaire des lois de mon pays, j'ai sur elles un droit d'examen lorsqu'on les prépare. Une fois faites, il n'y a plus qu'à les respecter; j'ai long-temps donné l'exemple et le précepte de ce devoir. Je puise aussi mon droit dans une assez bonne source, celle de l'expérience. Pourquoi n'en ferais-je pas hommage à ma patrie? Un pareil tribut serait peu propre, j'en conviens, à figurer dans un budget, mais il peut aider les autres et moi-même à supporter celui qu'on nous prépare, et dont je paierai d'ailleurs ma quote-part.

P. S. Quelques circonstances, dont il est inutile de parler, ont retardé l'impression de cet écrit. Dans l'intervalle, j'ai lu à-peu-près tous ceux qu'on a publiés sur cette matière. Je n'ai pas été détourné de produire le mien, non que je le croye meilleur, mais il est autre. La plupart des publicistes qui m'ont précédé ont remarqué que le projet ne présentait pas de loi; ils ont raison, et j'ajoute que la loi était infaisable par les ministres. En effet, il était difficile que ces agents supérieurs, exposant le problême de leur accusation, entrassent librement et de bonne grâce dans toutes les suppositions même éloignées de divers méfaits qu'ils peuvent commettre. Aussi ils n'en ont spécifié aucun; et pour la peine attachée à leur culpabilité éventuelle, ils s'en sont remis à la conscience de leurs juges. Rien ne serait plus recommandable en procédé ordinaire et sans conséquence; mais il s'agit de faire une loi qui, fondement de la Charte, puisse réfréner des ministres moins bien intentionnés que ceux que nous avons. Recherchant pour mon compte ce qui pouvait être utile et leur convenir, et m'aidant des

lumières de mes nombreux collaborateurs, j'ai été sinon plus ha-
bile, du moins plus heureux. Dans cette mine sans fond que nous
exploitions en commun, ma bonne fortune m'a fait tomber sur
un filon précieux ; c'est ainsi que je nomme le *jury* trouvé pour
la chambre des pairs. Il n'est pas un de mes confrères écrivains
qui n'ait cru voir le jury dans les deux chambres, formées l'une en
jury d'accusation, et l'autre en cour judiciaire ; mais où est le jury
de jugement qui vérifie et déclare les faits ? où voit-on l'emploi de cette récusation qui épure les jurés ? Et peut-on conce-
voir un jury de deux cents membres, déclarant le fait et appliquant
la peine tout ensemble. La Charte a dit que les ministres accusés
seraient jugés par la chambre des pairs ; mais elle n'a pas pré-
cisé ce mode de jugement, qui est ainsi tout à régler. Celui que je
propose n'exclut aucun pair de la chambre ; chacun d'eux participe
à un jugement régulier, et il y a pour les ministres accusés ce que
la loi réserve au moindre des sujets français, jury, récusation et cour
d'assises. Je n'innove rien, et je ne change pas même le mode des
délibérations de la chambre. Car ces comités qu'elle extrait de son
sein pour, sur leur rapport, statuer sur un droit ou vérifier un
fait, sont-ils autre chose que des jurys ? Les Anglais n'ont point
de jury dans leur haute-chambre ; mais aussi, que de sang versé
par les factions ! Quelle est celle de leurs familles illustres qui n'a
pas payé son tribut à l'échafaud ? Combien cette tentative que je
propose pourrait être heureusement faite, au moment où la chambre
des pairs, renforcée, va recevoir sa dernière organisation ! Ses divers éléments ne sont pas homogènes ; en attendant leur fusion du
temps, il n'y aurait rien que d'utile à tâcher de les neutraliser, au
besoin, par une institution dont le caractère est la franchise et
l'impassibilité. Il me semble que j'ai fait une découverte dans cette
partie de notre législation. Mais s'il est vrai que j'aie rencontré
un diamant, je le livre brut ; c'est aux hommes habiles à le tailler

FIN.